원종우 글

내 이름은 원종우. 흔히 파토쌤이라고 불리죠. 사람들에게 과학을 쉽게
설명하는 일을 하고 있어요. 여러분이 어릴 때부터 과학에 관심을 갖고
그 관심이 어른이 되어서도 식지 않았으면 하는 바람으로
《엉뚱하지만 과학입니다》를 쓰고 있어요. 내가 그랬던 것처럼요.
라디오나 TV에서 과학 이야기를 자주 하고, 〈과학하고 앉아있네〉와 같은
과학 팟캐스트도 하고 있어요. 《태양계 연대기》와
《나는 슈뢰딩거의 고양이로소이다》 같은 공상 과학 소설도 썼답니다.

최향숙 글

재미있는 이야기를 지어내는 걸 좋아해서 동화를 쓰기 시작했어요. 그동안
과학책으로는 《겁쟁이 공룡 티라노사우루스》, 《우글와글 미생물을 찾아봐》,
《우리 집 부엌이 수상해》 등을 썼지요. 《엉뚱하지만 과학입니다》를 써야겠다고
마음먹은 건, 영재 학교에 다니는 고등학생 아들 덕분이에요. 엉뚱한 상상이
없으면 기발한 생각도 나오기 힘들다는 걸 깨닫게 해 주었거든요. 여러분이
어릴 때부터 엉뚱한 생각을 많이 하기를 바라는 마음으로 이 책을 썼답니다.

미늉킴 그림

아주 어릴 때부터 '나는 그림 그리는 일을 할 거야.'라고 입버릇처럼 말했어요.
지금은 손끝에서 만들어지는 이런저런 그림 친구들과 함께 즐겁게 일하고 있답니다.
파토쌤이 들려주는 엉뚱한 과학 이야기를 그림으로 그리면서 신기하기도 하고
즐거웠어요. 글을 읽고 그림을 보는 독자 여러분도 즐거운 독서가 되기를 바랍니다.
그린 책으로는 《창작의 영감님, 어서 오세요》, 《기자가 되고 싶은 청소년에게》,
《안녕? 나는 호모미디어쿠스야!》 등이 있어요.

와이즈만 영재교육연구소 감수

창의 영재수학과 창의 영재과학 교재 및 프로그램을 개발했습니다.
구성주의 이론에 입각한 교수학습 이론과 창의성 이론 및 선진교육 이론 연구 등에도
전념하고 있습니다. 국내 최고의 사설 영재교육 기관인 와이즈만 영재교육에
교육 콘텐츠를 제공하고 교사 교육을 담당하고 있습니다.

엉뚱하지만 과학입니다
❹ 우리 화성으로 이사 갈래?

와이즈만 BOOKs

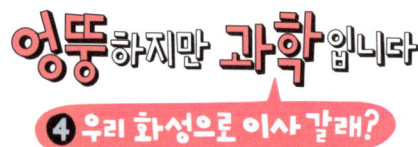

1판 1쇄 발행 2022년 5월 20일 | 1판 5쇄 발행 2025년 4월 20일

글 원종우 최향숙 | 그림 미늉킴 | 감수 와이즈만 영재교육연구소
발행처 와이즈만 BOOKs | 발행인 염만숙 | 출판사업본부장 김현정 | 편집 김예지 양다운 이지웅
기획·진행 CASA LIBRO | 디자인 SALT&PEPPER Communications | 마케팅 강윤현 백미영 장하라

출판등록 1998년 7월 23일 제1998-000170 | 제조국 대한민국
주소 서울특별시 서초구 남부순환로 2219 나노빌딩 5층
전화 마케팅 02-2033-8987 | 편집 02-2033-8928 | 팩스 02-3474-1411
전자우편 books@askwhy.co.kr | 홈페이지 mindalive.co.kr | 사용 연령 8세 이상
ISBN 979-11-90744-65-2

©2022, 원종우 최향숙 미늉킴 CASA LIBRO
이 책의 저작권은 원종우, 최향숙, 미늉킴, CASA LIBRO에게 있습니다.
저자와 출판사의 허락 없이 내용의 일부를 인용하거나 발췌하는 것을 금합니다.

잘못된 책은 구입처에서 바꿔 드립니다.

와이즈만 BOOKs는 (주)창의와탐구의 출판 브랜드입니다.
KC마크는 이 제품이 공통안전기준에 적합하였음을 의미합니다.

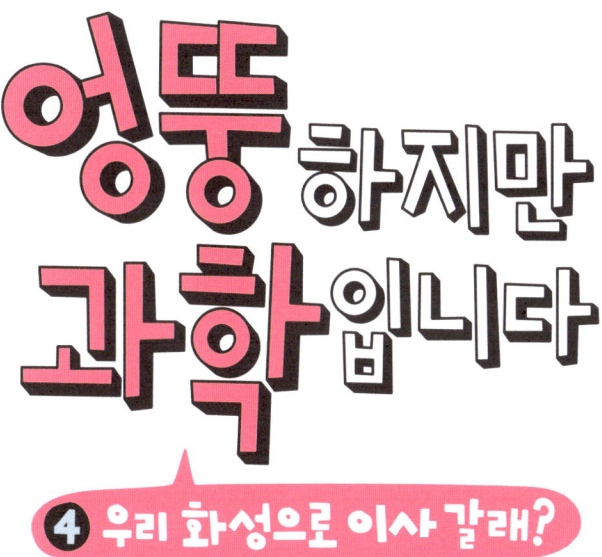

엉뚱하지만 과학입니다

4 우리 화성으로 이사 갈래?

원종우·최향숙 글 | 미늉킴 그림
와이즈만 영재교육연구소 감수

과학 좋아하니?

물론 좋아하는 친구도 있을 거야. 하지만 '과학'하면,
왠지 어렵고 머리 아프다고 생각하는 친구도 많지.
과학에는 복잡한 공식이 있고, 외워야 하는 것도 많으니까.
그래서 과학을 '이그노벨상'과 함께 알아보려 해.

이그노벨상을 받은 연구 중에서 지구과학 영역에 관한 10개의
연구를 뽑아 엮었어. 우리를 웃게 만드는 연구들인데 웃다 보면
왠지 지구과학이 친숙하게 느껴지고 좋아질 거야. 지구와 우주를
연구하는 과학자가 되겠다고 다짐하게 될지도 몰라!

어쩌면 너를 꼭 닮은 친구 '나',
그리고 앉으나 서나 과학하는 파토쌤의 안내에 따라 조금씩
천천히 엉뚱한 지구과학의 세계로 들어와 봐!

1991년 하버드대학교의 유머 과학 잡지가 만든 상이야.
천문학, 물리, 화학, 의학, 수학, 생물, 평화 등 여러 분야에 걸쳐
수상자를 선정해. 지금까지 아무도 엄두를 내지 못했던
기발하거나 엉뚱한 연구에 상을 주는데 간혹 절대 해서는
안 될 연구에 상을 주기도 해. 진정한 과학이 무엇인지 우리 모두
생각해 보도록 하려는 거야.
역대 수상 연구들은 정말 엉뚱해. 하지만 '과학이 재미있구나!'
'과학은 우리 생활 속에 있구나!'라는 걸 깨닫게 해 줘.
시상식 포스터에는 로댕의 〈생각하는 사람〉이 바닥에 등을 대고
누워 있는 그림이 있어. '발상의 전환'을 나타내는 거래.

자, 그럼 우리도 고정 관념이나 일반적인 생각에서 벗어나
이 책에 가득한 엉뚱하고 기발한 과학으로 발상을 전환해 볼까?

차례

1 **무시무시한 회오리바람** ················· 9
   - 닭 털로 바람 세기를 알 수 있다! ················· 13

2 **마술처럼 부풀어 오르는
   샤워 커튼** ················· 17
   - 샤워 커튼과 변기의 공통점은 공기의 압력? ················· 21

3 **루돌프가
   사슴이 아니었어?** ················· 25
   - 순록이 궁금하면 북극곰이 돼라! ················· 29

4 **닭의 할아버지의 할아버지의
   할아버지는 누구?** ················· 33
   - 공룡이 살아 있다! ················· 37

5 **그냥 돌이 아니야!** ················· 41
   - 화석은 모든 걸 알고 있다! ················· 45

6 🐟 꼬리가
　지진 겪어보라고? ···································· 49
　– 예측 불가능한 재난, 지진! ···················· 53

7 우리 화성으로 이사 갈래? ······················ 57
　– 화성에서 살 수 있을까? ······················· 61

8 별 보러 가자! ··· 65
　– 나, 별, 은하, 은하수, 우주 ··················· 69

9 우리 형은 블랙홀 ··································· 73
　– 블랙홀의 정체를 밝혀라! ····················· 77

10 외계인과 UFO, 봤니? ··························· 81
　– 공상과 과학 사이 ································ 85

주인공이 궁금해요

파 토 쌤

누구인지,
뭘 하는 사람인지 알 수 없는
수상하고 이상하고 괴상한 사나이.
동시에 엉뚱하고 기발하고
언제나 과학하고 앉아 있는
괴짜 선생님!

나

초등학교 4학년.
**누가 봐도 우리 동네
최고의 참견쟁이.**
호기심 가득, 솔직함 빵빵,
실행력은 으뜸!

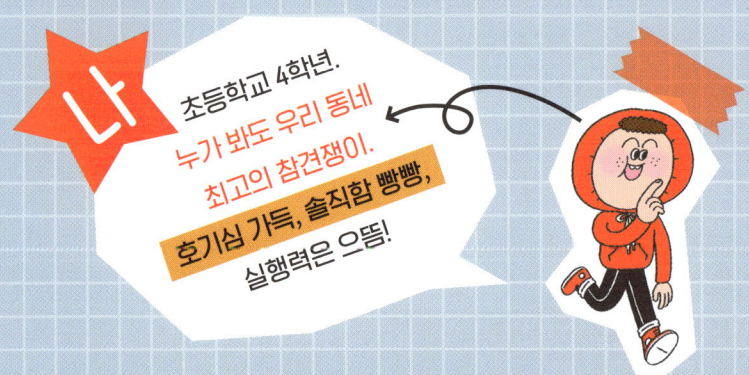

1
무시무시한 회오리바람

《오즈의 마법사》 책 읽어 봤니?
주인공인 도로시가 오즈라는 나라로 갔다가
다시 집으로 돌아오는 이야기래.

"쌤, 바람이 집을 날릴 수 있을까요?"
회오리바람에 도로시의 집이 통째로 날아가는 장면을 읽고 있던 내가 파토쌤께 질문했어.
쌤은 책의 제목을 슬쩍 보시더니 고개를 끄덕이셨어.
"《오즈의 마법사》에 나오는 바람은 토네이도라서, 그럴 수 있지."
"토네이도요?"

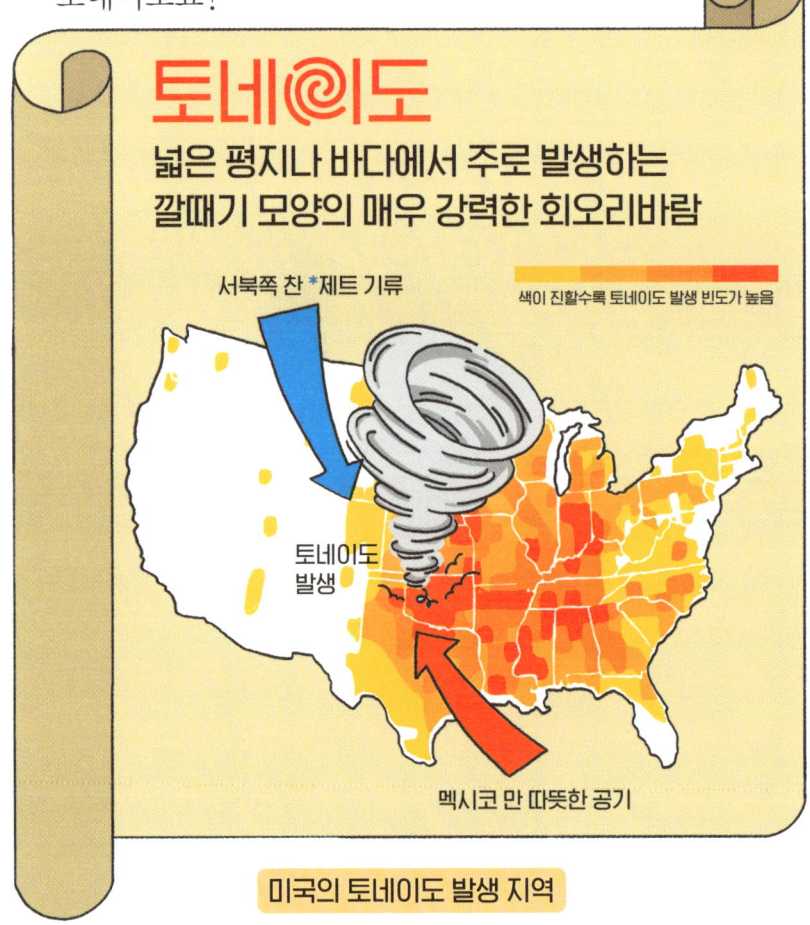

미국의 토네이도 발생 지역

*책 마지막 장에서 더 자세한 정보를 확인해 보세요.

"토네이도가 얼마나 세길래요?"
내 질문에 쌤이 고개를 갸웃하셨어.
"글쎄……. 그 답을 알려 주기 전에 기발한 방법으로 토네이도의 세기를 연구한 사람 이야기부터 들려줄게."
"혹시…… 이그노벨상 수상자인가요?"
"빙고!"

"미국 뉴욕주립대학교의 *버나드 보네거트 교수는 토네이도가 지나간 마을에서 닭의 털이 얼마나 뽑혔나를 보고 풍속을 계산하는 방법을 소개했는데, 이 연구로 1997년 이그노벨 기상학상을 받았어."
"우아! 그게 가능해요?"

닭의 털이 뽑힌 정도로 토네이도의 세기,
즉 풍속을 계산하는 건 19세기에 실제로 썼던 방법이야!
토네이도 피해가 발생한 곳에 털만 빠진 채로
뒹굴고 있는 닭들을 보고 생각해 낸 거지.

1842년, 수학자이자 천문학자인 엘리아스 루미스는 방금
죽은 닭을 구식 대포에 넣어서 포탄 대신 하늘로 쏘아 올렸어.
여러 가지 대포로 실험한 결과, 닭이 시속 550 킬로미터 이하의
속도로 날아가야만 몸은 멀쩡한 채 털만 몽땅 빠지는 걸 보고,
토네이도의 풍속은 550 킬로미터라고 추정했지.

그런데 닭을 대포로 쏘았을 때,
바람에 의해서만 털이 뽑히는 걸까?

화약 폭발 등 다른 이유로 털이 빠질 수도 있잖아!
20세기에 들어서 사람들은 또 다른 의문을 제시했어.
닭의 건강 상태나 털갈이 시기에 따라 털이 더 뽑히거나
덜 뽑힐 수도 있다고 말이야. 결국 1975년 보네거트는
닭 털이 뽑힌 정도로는 정확한 토네이도 풍속을 알 수 없다는
결론을 내리고 세상에 알렸지.
그리고 22년이나 지난 1997년에 그 연구로 이그노벨상을
받은 거야.

토네이도는 공기 위에 차갑고 건조한 공기가 머무르다가 땅 위의 뜨거운 공기를 갑자기 끌어올리면서 만들어져. 땅이 뜨겁게 달구어진 여름철 평평한 들판에서 잘 발생해. 지름이 보통 수백 미터에 달하고 한번 만들어지면 짧게는 수십 킬로미터, 길게는 수백 킬로미터나 되는 지역을 휩쓸고 지나가기도 해.

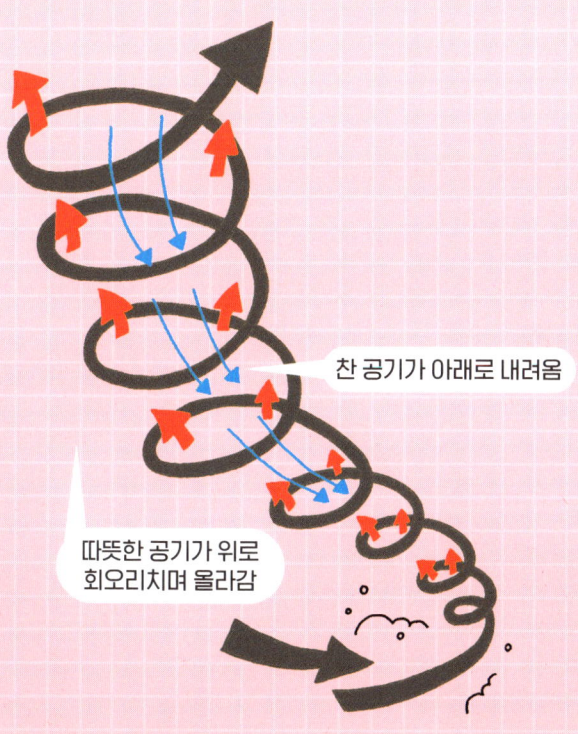

찬 공기가 아래로 내려옴

따뜻한 공기가 위로 회오리치며 올라감

토네이도는 여러 조건이 순간적으로 맞아야 하기 때문에, 정확하게 어떻게 발생하는지 아직 잘 몰라. 언제 발생할지 예측하기도 어렵고.

토네이도의 세기는 피해 정도를 보고 짐작하고 있어. 대표적인 게 *후지타 등급이야.

후지타 등급	피해 정도	풍속
EF0	나뭇가지가 부러지고, 뿌리가 얕은 나무가 넘어진다.	105~137
EF1	이동식 주택이 넘어진다. 문과 창문, 유리가 깨진다.	137~177
EF2	큰 나무가 넘어진다. 자동차가 땅에서 들린다.	178~217
EF3	큰 자동차가 날아가고, 기차가 넘어진다.	218~266
EF4	자동차처럼 큰 물체들이 위험하게 날아다닌다.	267~322
EF5	건물이 무너지는 등 피해 지역이 폐허가 된다.	323 이상

못산다, 쓰레기를 버리지 말아야지 회오리바람 덕을 볼 생각을 해?

EF-1 등급도 있으면 좋겠어요. 지구의 쓰레기만 싹 가져가 버리는!

2
마술처럼 부풀어 오르는 샤워 커튼

우리 집 욕실은 반은 습식, 반은 건식이야.
그래서 샤워를 할 때는 샤워 커튼 자락을 반드시
욕조 안으로 넣고 해야 해!
안 그러면 이렇게 물바다가 되고 만다고!

17

엄마께 혼나고 나서야 부랴부랴 커튼을
욕조 안으로 넣고 보니 어라, 희한한 일이 생겼네!

샤워 커튼이 막 부풀어 올라!

궁금해서 못 참겠네! 나는 샤워는 대충하고, 궁금증부터 해결하기 위해 파토쌤께 달려갔어.

"샤워 커튼이 왜 부풀어 오를까요?"

"데이비드 슈미트라는 미국의 물리학자가 그 궁금증에 대한 답을 찾아서 2001년 이그노벨 물리학상을 받았어."
오, 물리학자랑 같은 궁금증을 갖는 나의 과학 실력!
나는 우쭐해서 또 질문했어.
"그래서 답이 뭔데요?"

"기압의 차이 때문이야!"

샤워할 때 커튼을 치고 해 봐. 그러면 커튼이 항상 안쪽으로 부풀어 오르는 걸 알 수 있어. 신기하지? 그 이유가 뭘까? 과학자들은 '공기 압력의 차이' 때문일 거라고 추측했어. 기압은 지구를 둘러싸고 있는 공기층, 즉 대기가 누르는 힘이야. 바람이 부는 건 바로 기압 차이 때문이지. 공기 알갱이들은 기압이 높은 곳에서 낮은 곳으로 움직이거든. 큰 범위에서의 공기, 즉 대기의 압력은 이렇게 기압이라고 부르지만, 샤워 커튼 주변처럼 작은 공간에서도 공기의 밀도 차이로 압력이 달라질 수 있어.

샤워할 때 커튼이 안쪽으로 불룩해지는 것도
커튼 바깥쪽 공기 압력보다 안쪽 공기 압력이 낮기 때문이래.
그런데, '왜' 커튼 안쪽 공기의 압력이 낮아지는 걸까?
네가 샤워 중인 욕실을 들여다보면서
슈미트가 무엇을 알아냈는지 함께 살펴볼까?
우리가 커튼을 치고 샤워를 하면
**샤워 커튼 안쪽에 작은 회오리가 생기며,
회오리 중심부의 공기 압력이 낮아져.**

공기 알갱이들이
공기의 압력이 높은 커튼 바깥쪽에서
공기의 압력이 낮은 안쪽으로
이동하려고 해. 그러면 커튼이
안쪽으로 부풀어 올라.

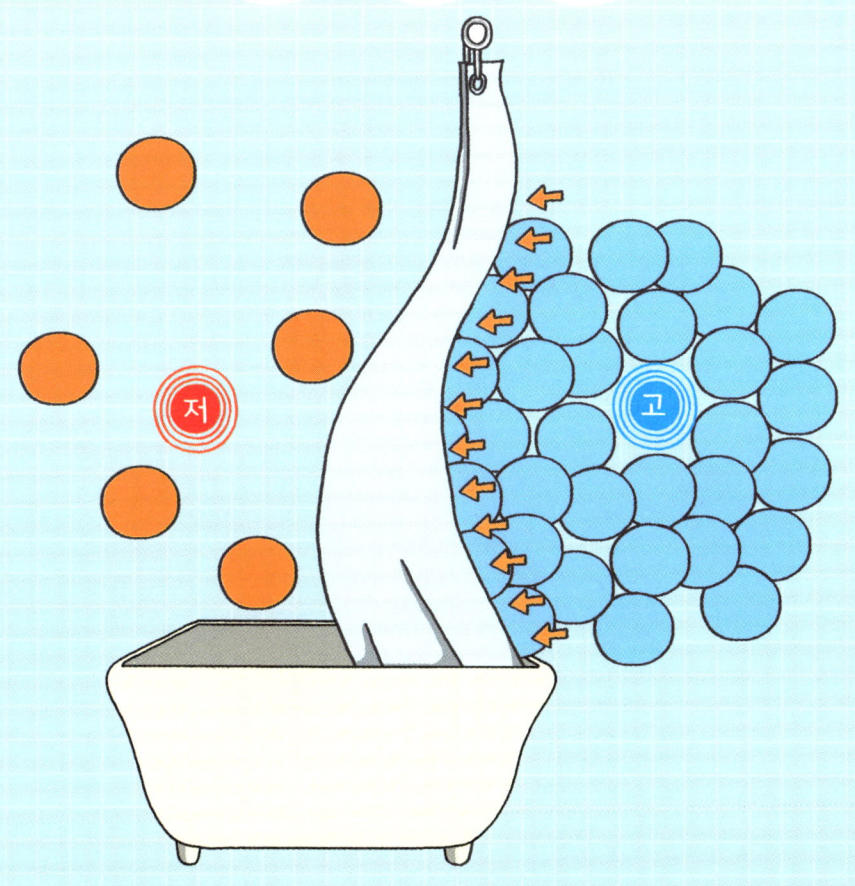

공기의 압력 차이는 재미난 현상을 만들어 내고, 사람들은 그것을 이용하기도 해. 그 대표적인 예가 바로 야구 경기에서 투수들이 던지는 변화구야. 공중으로 날아오다가 위아래 혹은 옆으로 진행 방향이 바뀌는 공 말이야. 이 변화구도 압력 차이에 의한 공기의 흐름 때문에 생겨. 투수가 손목을 비틀어 공에 회전을 넣어 던지면, 야구공 표면에 튀어나온 실밥과 회전 방향의 영향으로 주변의 공기 압력이 달라지면서 공이 여기저기로 휘게 되는 거야.

3
루돌프가 사슴이 아니었어?

야호, 곧 크리스마스가 다가와!
오늘은 크리스마스트리를 장식하는 날.

내가 신나서 캐롤을 부르는데
파토쌤이 고개를 가로저으시는 거야.

"왜요? 쌤!"
나는 마음이 상했어. 나 노래 잘하거든!
내 마음을 읽으셨는지, 쌤이 씩 웃으셨어.
"노래는 너무 잘하는데, 가사에 문제가 있어!"
"네?"

"루돌프는 순록이거든!"

"어? 사슴과 순록의 생김새가 비슷하네요?"
"맞아. 둘은 가까운 사촌이야.
사슴은 온대 지역에 주로 사는 반면,
순록은 아주 추운 북극과 그 주변에서만 살지."
나는 그제야 고개를 끄덕였어.
"산타클로스 할아버지가 북극 가까운 데 사시니까
루돌프는 순록이 맞긴 하겠네요!"
"맞아! 실제로 북극과 그 주변 지역에서는
순록에게 썰매를 끌게 하기도 해."

"순록 얘기가 나와서 말인데,
2014년 노르웨이 오슬로대학교의 연구팀이
순록을 관찰해서 이그노벨 북극과학상을 받았어."

"순록을 관찰한 게
그렇게 대단한 거예요?"

과학자들이 야생 동물을
어떻게 관찰하는지,
또 순록과 북극곰의 관계를 알면
이해될 거야.

쌤은 어디 가시고
갑자기 웬 북극곰?

과학자들은 야생 동물 연구를 참 열심히 해.
동물들의 생태를 깊이 이해해서 보호하고 보존하기 위해서지.
그런데 이게 쉬운 일이 아냐. 야생 동물들은 사람을 보면
바로 도망가거나 덤벼드니까. 그래서 과학자들은 동물들을
가까이에서 잘 관찰하기 위해 온갖 방법을 동원해.
그중 하나가 카메라를 설치하는 거야. 하지만 이 방법으로는
정확한 관찰이 어렵고 정확도가 낮을 가능성도 있어.

몸을 숨기거나 위장한 채로 관찰하기도 해.

새처럼 사람에게 위험하지 않은 동물은 바위나 풀로 위장한 텐트 속에서 관찰해. 땅을 파서 굴을 만들고 몸을 숨긴 채 관찰하기도 하고,

동족으로 위장을 하기도 해. 예를 들어, 들소 떼에 가깝게 다가가기 위해 들소와 비슷하게 위장을 하고 접근하는 거야.

노르웨이 오슬로대학교의 연구팀은 평소 모습으로 한 번, 북극곰으로 위장해서 또 한 번 순록에게 접근했어. 사람을 보았을 때와 포식자인 북극곰을 보았을 때 순록의 반응이 어떻게 달라지는지를 알아보려고.

결과는 어땠을까? 순록들은 흰색의 무언가가 접근하는 걸 보자 쏜살같이 도망쳤어.
사람 모습으로 다가갔을 때보다 2.5배 빨리 도망치기 시작해서 2.3배나 더 멀리 갔어.

북극은 척박한 환경 탓에 생태계에 대해 별로 알려진 게 없어. 오슬로대학교 연구팀은 앞으로도 연구를 더 진행하고 싶어 해. 북극곰 분장을 좀 더 제대로 한 뒤 접근해서 북극곰이 원래 없는 곳에서는 순록들이 어떻게 반응하는지 확인하고 싶어 하지. 이런 연구가 계속되면, 우리는 북극 생태계의 비밀에 더 가깝게 다가갈 수 있을 거야.

4
닭의 할아버지의 할아버지의 할아버지는 누구?

파토쌤과 나는 지금 '아이엠그라운드' 게임을 하고 있어.
"아이엠그라운드 두 발로 걷는 동물 이름 대기!"

나는 거침없이 새 이름을 댔지.

그런데 쌤은 뜻밖의 동물 이름을 대는 거야.

'에이, 공룡은 네 발로 걸었잖아요!'라고 말하려던 나는 입을 다물고 말았어. 두 발로 걷는 공룡도 있었지?
"새와 공룡이 닮은 점이 있네요!"

"맞아! 공룡 중에 *수각류가 특히 새와 닮았지."
"수각류요?"
"티라노사우루스와 같은 공룡을 수각류라고 해. **조류는 대멸종 때 살아남은 공룡**으로 보고 있어."

도통 이해가 안 됐어, 새가 공룡이라니?
공룡은 파충류잖아, 새는 조류고!

"새가 수각류임을 증명하기 위해 칠레대학교의 브루노 그로시 교수가 재미난 연구를 했어. 그리고 2015년 이그노벨 생물학상을 받았지."

"에이, 새가 티라노사우루스 같은 공룡이라니, 못 믿겠어요!"
"**과학자들이 공룡에 대해 밝혀낸 새로운 사실**을 알고 나면 생각이 달라질걸!"

공룡이 거대한 파충류라고 밝혀진 것도 200년밖에 안 됐어.
그전에는 거인이나 용쯤으로 여겼지!
공룡에 대한 연구는 화석을 통해 진행됐는데,
화석은 대부분 뼈의 일부만 남아 있어서
실제 겉모습이 어땠는지, 어떤 모습으로 걸어 다녔는지
확실하게 알기에는 부족했어. 최근까지도 과학자들은
발견된 뼈 화석에 가죽으로 된 피부만 뒤집어쓴
모습으로 공룡을 묘사하곤 했지.

그런데 깃털 화석이 나온 거야. 이걸 근거로
공룡의 몸 전체가
길고 화려한 깃털로
덮여 있었을 것으로 보고 있어!

공룡을 파충류로 보았을 때는 악어나 도마뱀처럼 피부가 매끈할 것으로 생각했지만, 공룡은 파충류와는 다른 점이 많아.

가장 눈에 띄는 부분은 다리야.
공룡은 포유류나 조류처럼 다리가 아래로 쭉 뻗어 있어.
하지만 악어나 도마뱀, 거북 같은 파충류는 다리가 몸통
옆으로 삐죽 나와 있지. 다리가 뻗어 나온 각도가
다르다는 건 골반이나 척추 형태가 다르다는 뜻이야.
이건 생물학적으로 굉장히 큰 차이지!
또 과학자들은 공룡이 파충류처럼 체온 조절 능력이 없어서
바깥 온도에 따라 체온이 변하는 냉혈 동물이 아니라는
사실도 알아냈어. 조류나 포유류처럼 체온을 항상 따뜻하게
유지하는 온혈 동물이거나, 적어도 체온을 어느 정도는
자기 힘으로 유지하는 중온 동물이라는 거야.

특히 6,500만 년 전, 소행성 충돌 직전에 살던 티라노사우루스나 벨로키랍토르는 앞발이 유별나게 작았고 새처럼 두 다리로만 걸었어. 벨로키랍토르는 날지는 못했겠지만 앞발 쪽에 꽤 긴 깃털이 있었던 것 같아.

이제 과학자들은 **새를 공룡의 먼 후손이 아니라 대멸종에서 살아남은 공룡 자체로 보고 있어.** 현재는 몸집이 작아지고 하늘을 날 수 있게 되었지만, 같은 종으로 보는 거야.

5
그냥 돌이 아니야!

음력 1월 15일이 무슨 날인지 알아? 정월 대보름이야.
달맞이를 하는 날이지.

자세히 보니 진짜 토끼가 있는 것 같아.
방아까지 찧으면서!

"그런 걸 '파레이돌리아'라고 해."
"엥? '파리가 돌아요'라고요?"
"하하! 우리가 무엇을 봤을 때, 이미 알고 있는 걸 떠올리는 것 말이야. 달에서 토끼를 떠올리고, 구름에서 양 떼나 돼지의 모습을 찾는 것처럼."

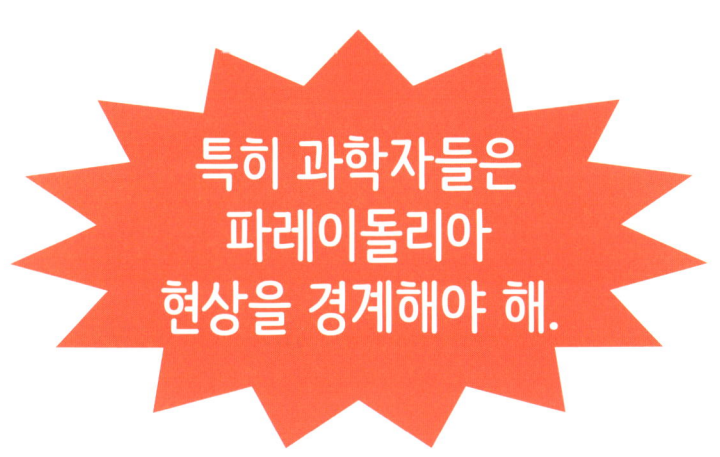

"1996년 이그노벨 생물다양성상은 이 점을 강조하기 위해 수여된 것 같아."
도대체 어떤 연구일까 궁금해진 나는 귀를 쫑긋 세웠어.

"일본의 한 과학자는 4억 년 전에는 사람이나 동물이
1센티미터도 안 되게 작았다고 주장하며,
그 증거가 되는 화석을 발견했다고 했지."
"화석에서 자기가 보고 싶은 걸 본 거군요.
엉터리 과학자네요!"
"맞아, 엉터리 과학자에게 진정한 과학을 하라는
경고로 이그노벨상을 준 거야."

대부분의 과학자는 화석에서 진짜를 찾아내.
화석이 뭔지, 화석이 말하는
진짜가 뭔지 함께 살펴볼까?

화석은 아주 오래 전에 살았던 동식물의 시체나 생활의 흔적이 암석이나 지층에 남아 있는 거야.

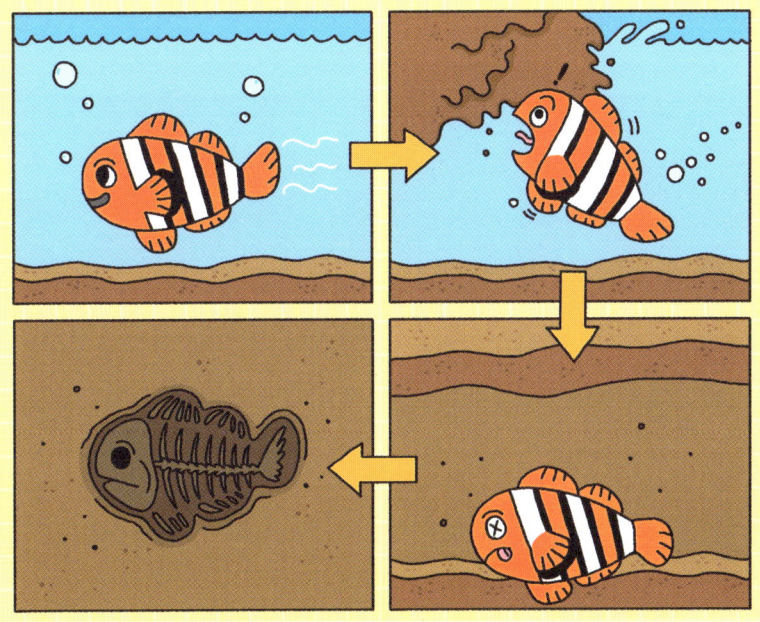

위 그림에서 눈치챘겠지만, 화석이 되려면 갑작스럽게 흙 속에 묻혀야 해. 그리고 높은 압력과 열이 가해지면, 뼈 같이 딱딱한 부분에 암석 성분이 채워지면서 형태가 남아 화석이 되는 거야.

발자국 같은 생활의 흔적이 화석이 되기도 해.

흔적 화석이 만들어지는 과정

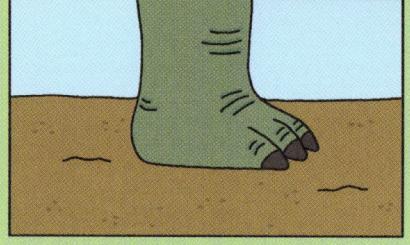

1. 비가 와서 질척해진 진흙 위를 공룡이 걸어가면 발자국이 찍혀.

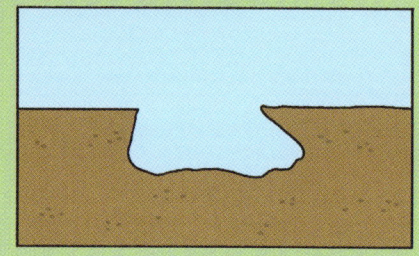

2. 발자국 모양이 찍힌 채로 진흙이 굳어.

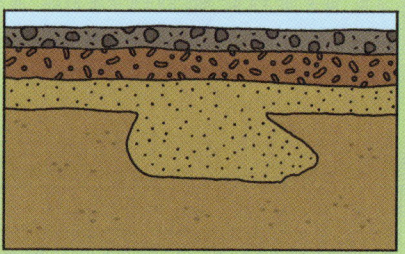

3. 다시 비가 와서 산에서 흘러내린 모래가 굳은 진흙 위에 덮여. 그 위에 계속 퇴적물이 쌓여.

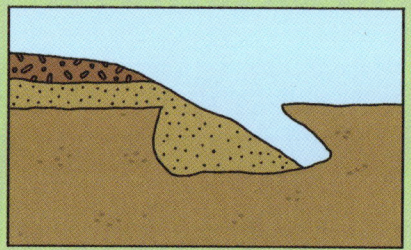

4. 시간이 흐르면서 쌓여 있던 지층들이 깎여 나가 다시 발자국이 찍힌 진흙이 드러나.

화석을 통해 아주 오래 전에
어떤 동식물이 살았는지,
그 동식물이 어떤 모습이었는지 알 수 있어.

발자국 화석만 보고도 그 동물이 얼마나 큰지,
얼마나 빨리 걸었는지, 혼자 살았는지 무리를 지어 살았는지,
꼬리를 끌고 다녔는지 들고 다녔는지 등을 알 수 있지.

인류의 진화도 화석으로 추적할 수 있어.

화석에 남은 두개골과 골반뼈, 넙다리(허벅지)뼈로!
두개골로는 뇌의 크기를 가늠할 수 있어. 뇌의 크기로
지능까지 유추하고, 치아 구조로는 뭘 먹고 살았는지 추정해.

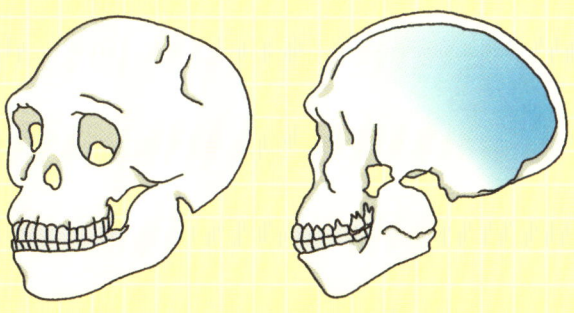

골반과 넙다리뼈로는 어떻게 걸었는지 알 수 있어.
최초의 인류는 오스트랄로피테쿠스로 추정해.
침팬지와 달리 넙다리뼈가 안쪽으로 기울어 있어서,
우리처럼 직립 보행을 했다는 걸 알아냈어.

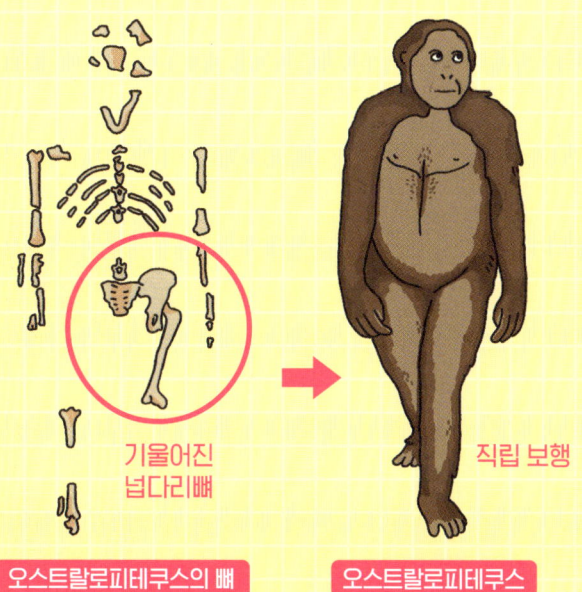

기울어진 넙다리뼈　　　직립 보행

오스트랄로피테쿠스의 뼈　　　오스트랄로피테쿠스

화석을 통해 **진실**을 찾는 게 쉬운 일은 아니야.

우리는 이미 다 맞춰진 뼈를 보지만 실제 화석은 조각나서 대부분 흩어져 있거든. 엉뚱하게 맞췄다가 나중에 바로잡은 경우도 있어.

6
꼬리가 지진 겨보라고?

파토쌤이 재미있는 그림을 보여 주셨어.
19세기 일본 사람들이 그린 그림인데,
사람들이 수염이 난 물고기를 마구 괴롭히고 있네!

"일본 사람들은 땅속에 큰 메기가 있는데
그 메기가 요동쳐서 지진이 일어난다고 믿었어."

메기가 꼬리를 흔들면 지진이 일어난다?

"메기가 지진을 잘 느끼는 건 맞아.
지진이 일어날 때 전자파가 발생하는데 메기는 다른
물고기보다 그 전자파를 100만 배 더 잘 느낀대.
그래서 지진이 일어나기 전 메기가 먼저 요동을 치는데
그걸 본 사람들은 메기 때문에 지진이 일어난다고
생각한 거지.
일본에서는 옛날부터 메기를 이용해 지진을
예측하려는 연구가 활발했어.
일본 기상청은 메기와 지진에 관한 연구로
1994년 이그노벨 물리학상을 받았지."

"그런데 이 연구를 번역하면서 착오가 생겨서
메기가 지진을 일으킨다고 주장하는 걸로
이그노벨상 위원회에 잘못 전해졌어.
엉뚱하고 말도 안 되는 연구를 놀리려고 상을
주려던 건데 그런 연구가 아니었지.
이그노벨상 위원회는 실수를 깨닫고 바로 수상을
취소했어."
고개를 끄덕이던 나는 갑자기 궁금해졌어.

지구는 핵과 맨틀, 지각으로 이뤄져 있어.
지구의 껍데기인 지각은 아주 얇은 판 몇 개로 이뤄져 있고.
그런데 지각은 조금씩 움직여.
1년에 몇 센티미터 정도의 아주 작은 움직임이지만,

판의 이동으로 인해 지진이 일어나는 거야.

화산 폭발로 지진이 일어나기도 해.

지하에 모여 있던 뜨거운 마그마가 지각을 뚫고 나오면서 폭발이 일어나고 땅이 흔들리는 거야.
반대로 땅속 마그마가 움직이면서 작은 지진이 일어난 뒤, 화산이 폭발하기도 하고. 그래서 지진이 많이 일어나는 곳에서는 화산 폭발도 많이 일어나. 그 반대도 마찬가지지.

지진과 화산이 잘 일어나는 곳

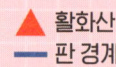
▲ 활화산
― 판 경계

"바다 위에 저 선들은 뭐예요?"

"지각이 몇 개의 판으로 나뉘어졌다고 했잖아. 저 선을 따라 나뉘어져 있는 거야. 판과 판이 만나는 곳에서 지진도 많이 일어나."

지진의 가장 무서운 점은 언제 일어날지 예상하기 어렵다는 거야. 현재 우리가 할 수 있는

지진에 대한 **최고의 대비**는, 발생하면 빨리 《《**경보**》》를 울리고, 신속히 **대피**하는 거야.

지진 경보는 지진파를 관측해서 울리게 돼. 지진은 두 가지 지진파를 발생시키는데, P파는 속도는 빠르지만 파괴력은 약한 지진파야. 그에 비해 S파는 속도는 좀 느리지만 강력하지. 그래서 지진 관측소가 P파를 감지하면 즉시 지진 경보를 발령해서, S파가 오기 전에 사람들을 안전한 곳으로 대피하도록 하고 있어.

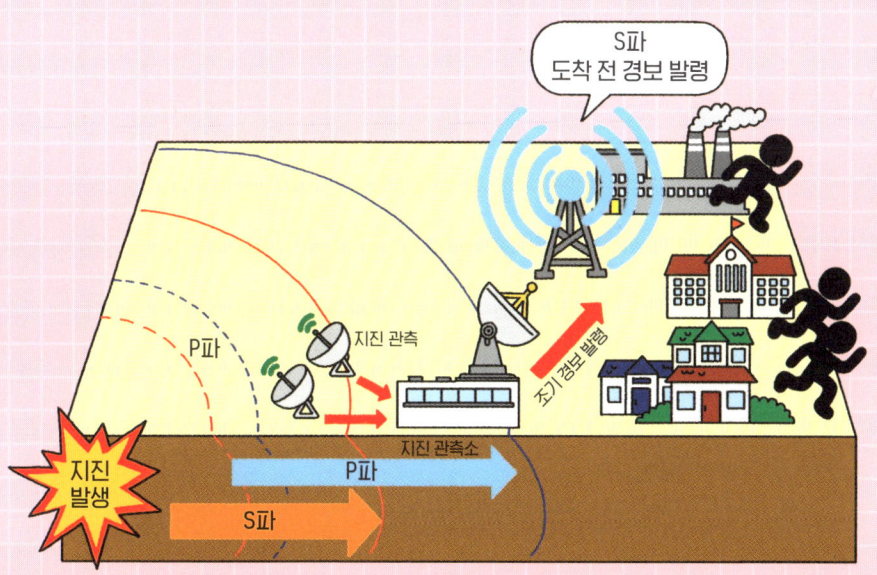

우리나라도 더 이상 지진 안전지대가 아니라고 해.
지진이 발생했을 때 대피 요령을 함께 익혀 볼까?

7
우리 화성으로 이사 갈래?

오랜 만에 만난 파토쌤께 나는 폼 잡으며 질문했어.
"쌤, *일론 머스크 아세요?"

왜 있잖아요? 전기 차도 만들고,
로켓도 만들고,
인류를 화성으로 옮기려는
계획을 세우는 사람이요.

나는 일론 머스크에 대해 한참을 떠든 뒤
선언하듯 말했어.
"저 결심했어요! 저도 화성으로 갈래요!"
가만 듣고만 계시던 쌤이 고개를 갸웃하며 사진 한 장을
내미셨어.
"화성에는 벌써 누군가 살고 있는 것 같은데?
피라미드도 있고, 사람 얼굴 모양의
인공 구조물들이 있대. 이것 보라고!"

나는 쌤이 보여준 사진을 보고는 순간 당황했어.
하지만 곧 여유만만하게 웃었지!
"그건 파레이돌리아 현상이죠!"
쌤은 깜짝 놀란 표정을 지으셨어.

"사실 어떤 이들은 이런 사진이 증거라면서
달이나 화성에 생물체들이 이미 살고 있고
인류의 우주 개발 계획은 모두 음모라고 주장해.
그런데 1997년 이그노벨상 위원회는
이런 주장을 하는 사람에게 천문학상을 줬어."

"왜요?"
"두 가지 중 하나가 아닐까?
말도 안 되는 주장에 상을 줘서 웃음을 주거나,
말도 안 되는 주장도 펼칠 수 있는 기회를 주거나!
말도 안 되는 주장에서 새롭고 혁신적인
과학과 기술이 탄생하기도 하니까!"
난 그제야 고개를 끄덕였어.
그러고는 다시 다짐하듯 말했지.
"어쨌든 저는 화성에 갈래요!"

지난 수십 년 간 미국과 유럽, 그리고 최근 중국에 이르기까지 많은 우주 과학 선진국들이 화성을 탐사했고, 하려고 하고 있어.
그 성과로 아주 오래 전 화성에 거대한 바다가 있었다는 걸 알아냈지. 그래서 과학자들은 화성도 한때 지구와 비슷한 '푸른별'이었을 거라고 생각해.

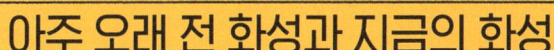

아주 오래 전 화성과 지금의 화성

왜 많은 행성 중에서 다들 화성에만 가려는 거예요?

지구랑 가까운 행성이니까!

화성에 바다가 있었다면, 공기층이 있었을 거야.
공기가 있었다면, 화성의 기온도 지구와 비슷했을 거고.
어쩌면 단순한 생물들이 살았을 수도 있어!
하지만 지금의 화성은 전혀 달라. 화성의 공기는 우주로
흩어져서 이제 기압은 지구의 100분의 1이야. 바다까지
이뤘던 많은 물도 대부분 사라졌어. 왜냐고? 그건 화성의
중력이 약하기 때문이야. 화성의 중력은 지구의
3분의 1정도지. 또 화성에는 자기장이 없어서 태양풍 같이
우주에서 오는 영향으로부터 표면의 물을 지킬 수 없었어.

화성은 공기 와 물 을 잡아 둘 수 없는 행성인 거야.

날 좀 잡아 줘!
우주로 사라지기 싫다고!

지금의 화성

예전의 화성

**화성**에는 이제 생물이 하나도 없는 걸까?

과학자들은 그렇지는 않을 거라고 보고 있어.
화성 표면에는 이제 물이 거의 없지만, 지하에는 호수를 비롯해서 꽤 많은 물이 남아 있다는 걸 확인했거든. 그래서 땅속에는 박테리아 같은 작은 생물이 살고 있을 수 있다고 보고 있어. 과학자들은 여전히 탐사선을 보내고, 이전보다 훨씬 성능이 좋은 탐사 도구를 개발하고 있어. 대표적인 게 카메라야.
카메라 덕분에 '얼굴' 같은 대표적인 파레이돌리아 현상도 해결했어!

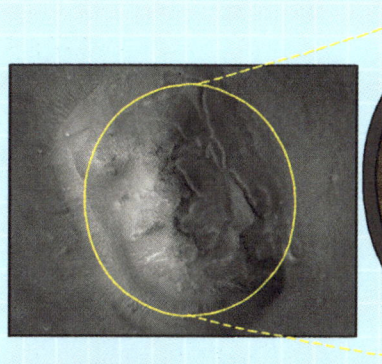

좀 전에 본 사람 얼굴 같은 곳을 찍은 사진이에요?

맞아. 왼쪽은 2001년에, 오른쪽은 2006년에 찍은 사진이야. 카메라 성능이 좋아지니까 바위산과 그림자였다는 진실이 드러난 셈이지.

그런데, 화성 관련해서 이그노벨상을 받은 사람이 또 있어!
댄 퀘일이라는 미국 정치가지.
1991년, 미국의 부통령이던 퀘일은 이렇게 말해서
이그노벨 교육상을 받았어.

8
별 보러 가자!

파토쌤과 겨울 캠핑을 갔어.
밤이 되자, 쌤과 나는 밤하늘을 올려다보았지.
와, 별이 쏟아져 내리는 것 같았어!
그때 쌤이 오리온자리를 가리키셨어.

오리온은 달의 여신 아르테미스의 친구였어.
하지만 아르테미스가 실수로 활을 쏴서 죽이고 말았지.
아르테미스는 눈물을 흘리며 오리온을 하늘의
별로 만들어 주었대.

쌤 말씀을 듣다 보니 문득 궁금해졌어.
"왜 옛날 사람들은 별 이야기를 만들었을까요?"

"글쎄, 여러 가지 이유가 있겠지만
아주 중요한 이유 하나는 알지!"

"별을 보고 길을 찾았군요!"
"맞아! 그래서 별과 관련된 이야기를 만들었어.
재미있어서 기억하기가 쉽잖아."
나는 다시 하늘을 올려다보았지.
그런데 쌤이 또 이렇게 말씀하시는 거야.
"쇠똥구리도 달을 보고 길을 찾아."

우리는 길을 잃으면, 낮에는 해,
밤에는 달을 보고 길을 찾아.

"더 놀라운 건, 달이 없는 밤에는
쇠똥구리가 은하수를 보고 길을 찾아간대.
스웨덴 연구팀이 이걸 발견해서
2013년 이그노벨 생물학상과 천문학상을 받았지."
"우아!"
그런데 갑자기 든 의문!

우리는 지구에 살고 있어. 지구는 1년에 한 번 태양 주위를 한 바퀴 돌아. 이렇게 지구를 비롯해 태양 주위를 도는 천체를 '**행성**'이라고 해.
그리고 지구를 돌고 있는 달처럼, 행성 주위를 돌고 있는 천체를 '**위성**'이라고 하지.

태양과 지구를 비롯한 7개의 행성, 그리고 달처럼 행성 주변을 도는 위성 등을 모두 합쳐 '**태양계**'라고 해.

태양계는 우리은하에 속해.

우리은하는 정말 어마어마하게 커.
한쪽 끝에서 다른 쪽 끝까지 가려면 10만 광년이나 걸려!
광년이 뭐냐고? 광년은 빛이 1년 동안 가는 거리야.
빛은 1초에 30만 킬로미터, 즉 지구를 7바퀴 반을 돌 수 있어.
10만 광년은 그 빛이 10만 년 동안 달려가야 닿는 거리야.

위에서 바라본 우리은하

은하수는 우리은하 속에 있는 별들이야.

이 별들이 기다랗게 무리지어 하늘을 가로지르고 있어서 강물처럼 보였던 거야. 서양에서는 은하수를 젖의 길, 즉 밀키웨이(Milky way)라고 불러.
그리스 올림포스 12신 가운데 하나인 헤라의 젖이 하늘에 흩뿌려지며 만들어졌다는 전설이 있어.

16세기 야코보 틴토레토가 그린 <은하수의 기원>

그리스 신화의 영웅 헤라클레스는 헤라의 젖을 몰래 먹어서 불사신이 됐어. 바로 이때 흘러나온 헤라의 젖이 하늘까지 닿아 은하수가 되고, 땅으로 떨어진 젖은 백합이 되었다지.

우주에는 엄청나게 많은 은하가 있어.
아직 우주의 모든 곳을 관측할 수는 없어서 정확한 수는 모르지만 **우리은하 같은 은하가 2조 개 이상** 있을 거라고 보고 있어.
여기서 갑자기 문제를 내고 싶어지네!
만약 다른 은하에도 우리은하처럼 별이 4천억 개 있다고 가정하면, 우주에는 도대체 몇 개의 별이 있는 걸까?

9
우리 형은 블랙홀

"우리 형은 내 걸 몽땅 빼앗아 가요.
모든 걸 빨아들이는 블랙홀 같다고요!"
내가 씩씩거리자, 파토쌤이 슬며시 웃으셨어.
"왜 웃으세요? 저는 진지하다고요."
"블랙홀도 알고, 정말 대견해서!"
"그, 그거야……."
나는 우쭐해져서 기분이 풀렸지 뭐야.
기분이 풀린 김에 블랙홀에 대해 아는 대로 말했지.

블랙홀
엄청나게 강한 중력을 가지고 있어서 주변의 모든 것을 빨아들이는 천체.

"2001년, 미국의 한 설교사가
'블랙홀은 지옥의 모든 조건을 충족한다.'고 해서
이그노벨 천체물리학상을 받았어."
"과학자도 아닌 설교사가 블랙홀을 잘 아나 봐요?"
"그럴 리 없지. 그럼에도 이그노벨상을 준 건
'블랙홀=지옥'이라고 주장해서,
지옥이 진짜 있음을 증명하려는 시도를 비꼬면서
블랙홀에 대해 한 번 더 생각해 볼 기회를 줬기
때문일 거야."

블랙홀을 우리말로 번역하면 '검은 구멍'이란 뜻이야.
검은 구멍, 뭔가 무서운 느낌이 들고,
주변의 모든 것을 빨아들인다니 더욱 으스스하지?
블랙홀은 지옥이 아냐! 생성 과정이 규명된 엄연한 천체라고.
블랙홀이 어떻게 만들어지는지 알아볼까?
모든 것이 태어나면 죽듯, 별들도 마찬가지야.
별들은 자기가 가지고 있는 **수소**를 태워서 빛과 열을 내.

태양 정도 질량을 가진 별들은 수소를 모두 쓰고 나면 적색 거성이 된 후 마지막으로 지구 정도 크기의 **백색 왜성**이 돼. 하지만 태양보다 질량이 큰 별들은 적색 초거성이 된 후 엄청난 폭발을 일으켜. 그것을 초신성 폭발이라고 하는데, 별의 질량이 태양의 3배 정도만 돼도 일어나.
하지만 이런 경우 초신성은 '중성자별'로 남아. 그리고 **태양보다 질량이 12배 이상 큰 별은 ' 블랙홀'이 돼.**

별의 일생

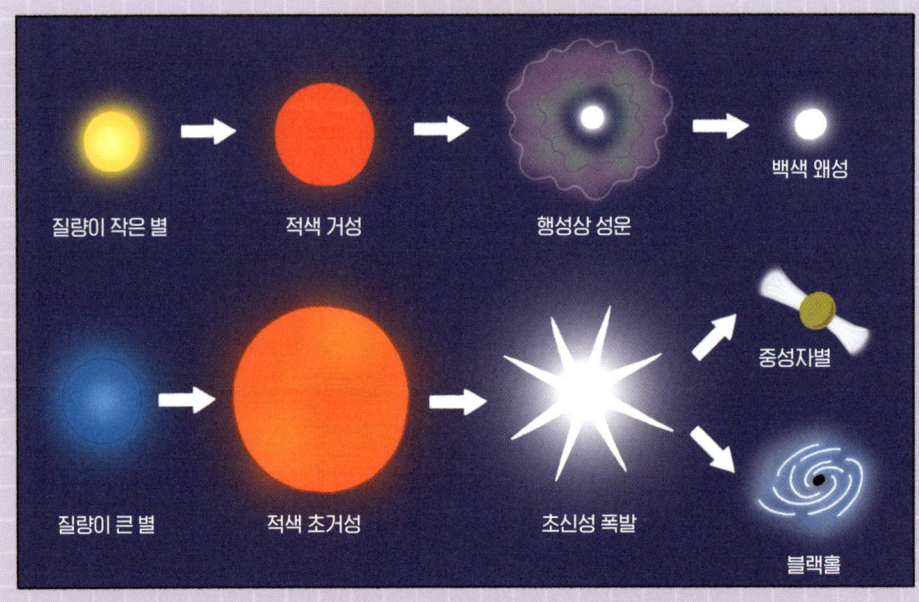

 # 블랙홀은 어떻게 생겼을까?

예전에는 한가운데 뻥 뚫린, 까만 구멍으로 생각했어. 말 그대로 '블랙홀'이었지. 그러다 블랙홀 중심부는 검지만 그 주변은 아주 밝을 거라고 생각하게 됐어. 블랙홀이 주변의 물질을 빨아들이다 보니 그 물질들이 블랙홀 주변에서 엄청난 속도로 회전하면서, 아주 높은 열과 빛을 낼 테니까. 물론 이런 블랙홀의 모습은 이론을 바탕으로 한 추측이었어.

그러던 2019년, 과학자들은 드디어 블랙홀의 사진을 찍는 데 성공했어. M87이라는 은하의 중심에 있는 초거대 블랙홀인데, 예상처럼 주변부가 환하게 빛나고 있었어.

과학자들은 우리은하에만 블랙홀이 수천만 개쯤 있을 거라고 추정하고 있어. 우리은하에 대략 4천억 개의 별이 있다고 했지? 그중에 태양보다 질량이 12배 이상 무거운 별이 수천만 개는 될 거라는 말이지.

이렇게 많은 블랙홀에 대해서 우리는 모르는 게 너무 많아.

> 블랙홀로 빨려 들어간 물질들은 대체 어디로 가는 걸까? 블랙홀을 통과하면 다른 곳으로 갈 수 있을까?

10
외계인과 UFO, 봤니?

겨울 방학이 끝날 무렵,
오랜 만에 파토쌤과 공원에 왔어.
그러다 신기한 걸 발견했지 뭐야!

쌤, 저기 보세요!

"쌤, 봤어요?"
쌤은 고개만 갸웃하셨어.
"태양 옆에 원반 모양의 뭔가가 반짝했다고요!"
그 순간 나는 내 입을 막았어.
혹시 내가 UFO를 본 건가!
내 생각을 알아차리셨는지 쌤은 웃으며 물으셨어.
"UFO가 지나갔다고 생각하는 거야?"
쌤의 질문에 나는 잘난 척하며 대답했어.
"쌤, 미국의 유명한 천문학자인
*칼 세이건이 뭐라고 말했는지 아세요?"

이 넓은 우주에 우리만 산다는 것은
엄청난 공간 낭비다!

"그런 말도 알고 멋지다! 그런데……."
쌤은 심각한 표정으로 말씀을 이으셨어.
"나는 이렇게 묻고 싶은데.

UFO가 지구에 반짝 나타났다가 사라지는 건 엄청난 자원 낭비 아닐까?"

무슨 말씀이지?
"생각해 봐. 우리가 달이나 화성에
탐사선이나 우주선을 띄울 때,
얼마나 많은 시간과 돈과 자원이 드니?
우주 개발을 포기하고 그 돈과 자원들을
다른 데 쓰자는 여론이 있을 정도야.
외계인도 마찬가지 아닐까?
그런데 그 많은 자원을 써서 지구에 왔는데
고작 반짝하고 사라진다고?"

"물론 UFO가 반짝 나타났다 사라지는 것만은
아니라고 주장하는 사람들도 있어."

"이그노벨상 위원회는 이들에게 상을 주기도 했지."
"왜요?"
"그 이유가 뭔지, 이들의 주장을 알아볼까?
UFO와 외계인에 대해서도 함께!"

1991년, 이그노벨상 위원회는 스위스의 한 작가에게 문학상을 줬어. 외계인이 지구상에 남긴 여러 흔적을 책으로 엮은 작가였지. 책 속 주장들은 과장과 억측 투성이었는데, 이그노벨상 위원회는 말도 안 되는 책과 그 작가를 비꼬는 뜻으로 상을 준 거야.

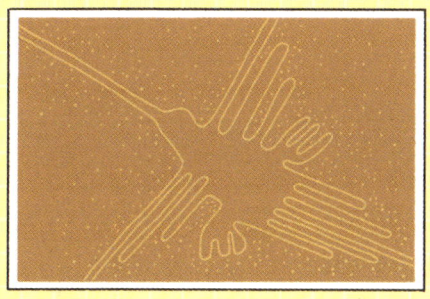

나스카 지상화
(땅 위에 그려진 큰 그림)

나스카 그림은 외계인들이 활주로나 착륙 표시로 그린 겁니다. 하늘에서 보지 않으면 그릴 수도, 전체를 볼 수도 없잖아요!

우주를 날아올 정도의 과학 기술을 가진 외계인들이 활주로나 표식 없이 착륙을 못한다고요?

1993년에는 미국의 대학생들이 이그노벨 심리학상을 받았어. 외계인에 납치되어 인격이 개조된 사람들의 사례를 발표해서 수상했는데, 이 상 역시 학생들의 주장을 믿어서 준 게 아니야.
사람들에게 우주와 외계인에 대한 관심을 높여서 준 거야.
사실 미국이나 유럽에서는 외계인에게 납치되었다고 주장하는 이들이 꽤 많아. 뒷받침할 만한 증거는 없지만! 돈을 벌거나 유명해지기 위해, UFO나 외계인 이야기를 지어내는 사람도 적지 않았어.

대표적인 사람이 UFO 접촉자로 유명했던 조지 아담스키인데, 그는 자신이 직접 UFO를 찍었다며 가짜 사진까지 제시했어. 1960년대 당시에는 통했을지 몰라도, 지금은 어림없지!

우주 어딘가에 생명체는 물론 발달된 과학 기술을 가진 지적 생명체가 있을 가능성은 높아. 그게 아니라면, 칼 세이건의 말대로 정말 엄청난 공간의 낭비겠지.
하지만 우주에 외계인이 존재한다는 것과 그들이 우주선을 타고 지구를 오가는 건 전혀 다른 이야기야.
우주가 아주아주 커서 빛의 속도로 여행한다고 해도 우리와 가장 가까운 별에 갔다 오는 데 10년이 걸려.
아주 가까운 별들도 다녀오는 데 수십, 수백 년이 걸리지.
과연 이런 우주를 마음대로 돌아다닐 수 있는 존재가 있을까?

물론 우주라는 거대한 공간을 극복할 수 있는 기술이
있다면 달라지겠지.
예를 들어 '워프' 이론! 워프 이론은 우주 공간을 구부려서,
먼 거리를 짧은 시간에 갈 수 있도록 한다는 거야.
지금도 미 항공 우주국에서 이 이론을 연구하고 있지.

교과 연계가 궁금해요

목차	이그노벨상 수상 내역	교과 연계
1. 무시무시한 회오리바람	1997년 기상학상	5학년 2학기 날씨와 우리 생활
2. 마술처럼 부풀어 오르는 샤워 커튼	2001년 물리학상	5학년 2학기 날씨와 우리 생활
3. 루돌프가 사슴이 아니었어?	2014년 북극과학상	5학년 2학기 생물과 환경
4. 닭의 할아버지의 할아버지의 할아버지는 누구?	2015년 생물학상	고등통합과학 생명 다양성과 유지
5. 그냥 돌이 아니야!	1996년 생물다양성상	4학년 1학기 지층과 화석
6. 메기 꼬리가 지진 경보라고?	1994년 물리학상	4학년 2학기 화산과 지진
7. 우리 화성으로 이사 갈래?	1997년 천문학상	5학년 1학기 태양계와 별
8. 별 보러 가자!	2013년 색물학상, 천문학상	5학년 1학기 태양계와 별
9. 우리 형은 블랙홀	2001년 천체물리학상	5학년 1학기 태양계와 별
10. 외계인과 UFO 봤니?	1991년 문학상	중학교 3학년 별과 우주

제트 기류 (10쪽)

지구를 포함한 몇몇 행성의 대류권이나 대기권의 위쪽에서 나타나는 빠르고 좁은 공기의 흐름으로 아주 강한 바람이 특징이야. 지구의 제트 기류는 서쪽에서 동쪽으로 불어 가며, 경로는 대체로 구불구불해. 서쪽으로 운항할 때의 비행 시간보다 동쪽으로 운항할 때의 비행 시간이 짧은 이유도 제트 기류 때문이야. 예를 들어 한국에서 유럽으로 갈 때는 11~12시간이 걸리지만 돌아올 때는 10시간 전후로 비행 시간이 줄어들거든.

후지타 등급 (16쪽)

EF 등급이라고도 해. 토네이도의 세기를 나타내는 등급이야. 1971년 미국 시카고대학교의 기상학자 후지타 테쓰야 교수가 만들었어. EF0~EF5 등급까지 있으며 숫자가 올라갈수록 더 강력한 토네이도 위력을 나타내.

수각류 (35쪽)

수각류는 공룡의 한 종류야. 스피노사우루스, 알로사우루스, 티라노사우루스와 같이 두 발로 걸었던 육식 공룡들이지. 공룡은 또 엉덩이 모양에 따라 용반목과 조반목으로 나뉘어. 엉덩이뼈는 장골과 치골, 좌골로 이루어져 있는데, 용반목은 치골과 좌골이 'ㅅ' 모양이야. 수각류 공룡들이 여기에 속하지. 용반목에는 수각류 말고 용각류 공룡도 있어. 아파토사우루스, 브라키오사우루스 같이 몸집이 크고 네 다리로 걷던 초식 공룡들이 용각류야. 조반목 공룡들은 치골과 좌골이 나란히 몸통 뒤쪽을 향하고 있어. 스테고사우루스, 파키케팔로사우루스, 트리케라톱스가 대표적인 조반목 공룡이야.